교양 꿀꺽
누구에게나 인권이 있을까?

교양 꿀꺽

누구에게나 인권이 있을까?

김태훈 지음 | 김잔디 그림

봄마중

차례

머리말 · 6

1 인권이란 무엇일까? · 9
2 인권은 언제 생겨났을까? · 19
3 어린이에게도 인권을 · 39
4 괴롭히면 절대 안 돼! · 55
5 사형은 꼭 필요할까? · 69

6 동화 속의 차별들 · 83

7 난민을 어떻게 대해야 할까? · 97

8 약자의 권리도 중요해 · 111

9 우리나라의 인권의식은 어떻게 커왔을까? · 125

머리말

　세상에는 소중한 것들이 참 많아. 여러분은 어떤 것이 소중해? 친구? 아니면 휴대전화? 사람마다 소중하게 여기는 건 다 달라. 왜냐하면 우리 한 사람 한 사람은 외모도, 목소리도, 잘하는 것도, 좋아하는 것도 다 다르거든.
　그런데 이 다름 때문에 종종 갈등이 생겨. 나에게 소중한 것을 다른 사람이 인정하지 않으면 서운하고 화가 나거든. 사람과 사람 사이뿐 아니라 나라와 나라 사이에도 마찬가지야. 그 감정이 차곡차곡 쌓이면 미워하게 되고 급기야는 싸움이나 전쟁으로 번지기도 해. 하지만 서로 다르다는 사실을 인정하고 상대방 모습 그대로를 존중해 주면 어떻게 될까? 우선 갈등이 크게 줄어들 거야. 그리고 신나는 일이 많이 생길 수 있어. 다르다는 건 새롭다는 뜻도 되거든. 이렇게 있는 모습 그대로를 인정하고 또 존중하는 태도를 '인권을 보호한다'고 표현해.

사실 '인권'이 한자라서 좀 어렵고 딱딱하게 느껴질 수 있을 거야. 하지만 그 안에 담긴 뜻은 모든 사람에게 너무나도 중요해. 내가 존중 받으려면, 또 주변 여러 사람들과 사이좋게 지내려면 인권을 보호하는 것이 무척 중요하거든.

이 책을 읽으며 인권이 무엇인지, 왜 중요한지, 또 어떻게 실천할지 한 번 생각하고 토론해 보면 어떨까?

인권이란 무엇일까?

여러분은
어떤 때가 행복해?

아마도 엄마 아빠에게 사랑받고 있다고 느낄 때, 친구들이 나를 좋아한다고 느낄 때, 또 강아지와 고양이가 좋다고 꼬리치거나 부비부비 할 때가 아닐까?

사랑 받는 느낌을 조금 어려운 말로는 <u>존중 받는 느낌</u>이라고 할 수 있어. 이럴 때면 기분이 좋아서 키가 한 뼘은 더 커지는 거 같고, 팔다리에 힘도 불끈 솟는 기분이 들지.

그렇다면 어떨 때 슬프고 화가 나니? 제일 먼저 떠오르는 건 누군가가 여러분의 마음을 몰라줄 때가 아닐까? 부모님이 내 생각을 몰라줄 때, 친구들이 놀아 주지 않을 때, 강아지와 고양이가 나보다 다른 사람을 먼저 찾아갈 때도 있겠지?

또 오해 받거나 미움 받는 상황이 될 때도 화가 나고 속상할 거야. 그러면 한없이 작아지는 기분이 들고 마치 그 자리에 없는 존재 같고, 있어도 아무도 신경 쓰지 않

는 먼지처럼 느껴지기도 하지.

거울 속에 비친 내 모습은 아침이나 밤이나 똑같지만, 마음으로 느끼는 내 모습은 하루에도 몇십 번이나 커졌다 줄었다를 반복해. 존중 받고 사랑 받는다고 느낄 땐 커졌다가, 미움 받고 무시당한다 싶으면 먼지보다 작아지니까.

상대방도 마찬가지야. 내가 존중하고 좋아하는지, 아니면 무시하고 싫어하는지에 따라 상대방도 자기를 느끼는 크기가 달라져. 그래서 우리가 다른 사람을 어떻게 대우하는지가 매우 중요한 거야.

'인권'이란 말이 있어.
인권은 "누구나 존중 받을 권리가 있다."는 말이야.

내가 존중 받을 때 행복한 것처럼 다른 사람도 똑같이 존중 받아야 한다는 것이지. 여기서 중요한 것은 '이유가 없다'는 사실이야. 사람이라면 누구나 아무 이유 없이, 차별 없이 존중 받을 자격이 있다는 거야.

예를 들어볼게.

노래를 잘 부르는 사람과 음치인 사람이 있어. 누가 존중 받아야 할까?

음치는 노래를 못 부르니까 무시해도 될까?

공부 잘하는 사람과 못하는 사람이 있어. 이 두 사람 중에 누가 더 존중 받아야 할까? 공부 못하는 사람은 미움 받아도 될까?

<u>인권</u>이란 말을 쉽게 설명하자면, 어떤 조건이나 차이를

핑계로 차별하면 안 된다는 뜻이야. 운동 잘하는 사람이라서, 성격 착한 사람이라서 존중 받는 게 아니라, 사람이라면 똑같이 존중 받아야 해.

  반대로 운동 못한다고 해서, 성격이 거칠다고 해서, 공부를 못한다고 해서 미움 받는다면 괜찮을까? 그것이 옳지 않다고 생각한다면, 이미 인권이 무엇인지 알고 있는 거야.

  물론 사람의 마음이 억지로 되지는 않아. 사람은 천사가 아니거든. 그래서 모든 사람을 똑같이 사랑할 수는 없어. 같은 친구라도 좋을 때가 있고 싫을 때가 있잖아?

 이처럼 더 좋은 사람도 있고, 덜 좋은 사람도 있어. 심지어 아무 이유 없이 싫은 사람도 있으니까. 그 마음이 잘못은 아냐. 어린이도 어른도 그런 변덕스런 마음을 가지고 있지.

 그런데 싫어하는 마음이 든다고 누군가에게 나쁘게 행동하면 무슨 일이 벌어질까? 그 사람은 마음이 상하겠지? 담임 선생님이 공부 잘하는 아이들만 칭찬하고 공부 못하는 아이들에게 매일 야단만 치면 교실 분위기가 어떻게 될까? 학교 가기가 싫겠지?

인권은 우리가 지켜야 할 <u>규칙</u>이기도 하고 <u>예의</u>이기도 해.

인권은 좋고 싫은 감정과 상관없이 모든 사람을 기본적으로 존중하자는 생각이야.

아는 사람이 아무도 없는 낯선 학교에 전학가게 됐다고 상상해 봐. 얼마나 무섭고 두렵겠니? 그런데 그곳에 있는 선생님과 친구들이 나를 미워하거나 무시하지 않고 존중해 줄 거라는 믿음이 있다면, 훨씬 가벼운 마음으로 학교에 갈 수 있겠지? <u>**인권이 보장되는 사회**</u>란 바로 그런 곳이야.

자, 그럼 이제 본격적으로 인권 이야기를 해볼까? 인권이란 말과 생각은 언제 처음 생겨났을까? 우리 같이 과거로 시간여행을 떠나 보자. 슝~.

2

인권은 언제 생겨났을까?

인권을 이야기하기 전에 질문을 하나 해볼게.

사람은 모두 평등할까?

너무 당연하게 '평등하다'는 답변이 나오겠지? 하지만 모두가 평등하다는 생각을 갖게 된 것이 그렇게 오래되지는 않았어.

옛날에는 거의 모든 사람들이 '평등하지 않다'고 생각했어. 부모님이 누구냐에 따라, 조상이 어떤 사람이냐에 따라 다른 위치에서 다른 삶을 사는 게 당연하다고 믿었지.

당장 어릴 때 읽었던 동화 몇 편을 떠올려 볼까? 거기에 단골로 등장하는 사람들은 임금님과 왕자님, 공주님들이지? 임금님과 백성들은 그 나라에서 평등했을까? 임금님은 재산도 많고, 힘도 세지. 임금님은 어떤 사람을 감옥에 보낼 수도 있고, 어떤 사람에겐 엄청난 상금을 내

릴 수도 있었어.

　반대로 어떤 사람에겐 자유가 하나도 없었어. 이사도 갈 수 없고, 자기 재산도 가질 수 없었지. **노예**라고 불리던 사람들이 그랬어.

　이런 차이를 **신분**이라고 불러.

　우리나라도 옛날에는 신분이 있었어. 나라의 주인은 국민이 아니라 임금이었지. 임금을 꼭대기에 두고 차례대로 신분이 만들어졌는데, 임금 밑에 **양반**이 있고, 양반 아래엔 **중인**, 중인 아래엔 **상민**, 상민 아래엔 **천민**이 있었어.

　천민 중에 대표적인 사람들이 **노비**였는데, 이들은 사람으로 인정받지 못하고 주인의 재산 취급을 당했어. 땅이나 가축과 다름없는 존재였지. 이런 나라를 **왕국**이라고 불러. 왕이 나라의 주인이고 백성은 거기에 얹혀사는 존재랄까?

　우리나라의 정식 이름이 뭐지? 맞아. '대.한.민.국!' 여기서 중요한 말이 **민국**이야. 왕국의 반대말이거든. 나라의 주인이 왕이 아니라 '민'이라는 뜻이야. 민(民)은 한자로 **백성**이란 뜻인데, 쉽게 말해 **국민**을 뜻해.

요즘에는 고등학교 3학년 정도 되면 투표를 할 수 있는데, 투표를 한다는 건 나라의 주인이라고 인정받는 거야.

**인권이란 말은
한 사람의 왕에게 집중됐던 권한이
조금씩 나뉘면서 생겨나기 시작했어.**

그 출발점을 영국에서 찾아볼 수 있단다. 이제 800년 전 영국으로 시간 여행을 떠나야 해.

때는 1215년, 존이란 이름을 가진 왕이 영국을 다스리고 있었어. 존왕은 전쟁을 너무 많이 했고, 또 크게 지기도 해서 나라 경제가 어려워졌지. 귀족들은 화가 많이 났어. 전쟁을 하면 돈이 엄청나게 드는데, 그것을 귀족들의 재산으로 메워야 했거든.

전쟁의 패배로 기가 죽은 존왕을 가운데 두고 귀족들이 주위를 둘러쌌어. 체면이 깎인 존왕에게 귀족들이 서약

서 한 장을 내밀었지. 왕 한 사람의 마음대로 나라를 운영하지 못하도록, 모두가 지켜보는 자리에서 약속을 받으려고 한 거야.

  이 문서에는 모두 63개 항목이 있었어. 바로 여기에 사람의 인권을 보호해야 한다는 내용이 처음 등장했지. 어떤 내용인지 볼까?

"모든 자유인은 배심원이
참석하는 재판을 받지 않고
투옥되거나 추방되거나
괴롭힘을 당해서는
안 된다."

  옛날에는 사람의 생명이 왕의 결정에 달려 있었거든. 왕이 살려 주면 사는 거고 죽이면 죽을 수밖에 없었어.

그런데 여기에 조건을 하나 단 거야. 왕의 생각보다 **재판**이 더 중요하다고 선언한 거지.

막강했던 왕의 권한은 줄이고, 보통 사람들의 권리는 키우는 첫 번째 약속, 바로 여기서부터 인권이 시작됐다고 볼 수 있어.

이 서약서를 대헌장, 마그나 카르타(Magna Carta)라고 불러.

좀 어려운 말이지만 이 정도는 기억해 두면 좋겠지?

그로부터 470년 정도 지난 1689년에 영국에서 또 하나의 약속 문서가 만들어졌어.

당시는 기독교가 신교와 구교로 나뉘어 전쟁을 하고 있을 때였어. 마침내 승리한 신교파는 네덜란드에서 데려온 윌리엄 3세를 왕으로 추대하는 과정에서 또다시 서약서 한 장을 내밀었지. 귀족들에게 둘러싸인 윌리엄 3세도 엄청나게 긴장했겠지?

이 서약서는
권리장전이라고 불러.

　권리장전의 내용도 역시 왕의 권한을 줄이고 보통 사람의 권리는 조금 더 늘리는 내용이었어. 권리장전에 포함된 인권 조항은 무엇이었을까?

"과도한 벌금이나
지나치게 잔인한 형벌을
내려서는 안 된다."

　인권은 이렇게 왕이 갖고 있던 절대적인 권한을 줄이

고 그만큼 보통 사람들의 권리를 확대하는 과정에서 태어났어.

그런데 이런 생각들이 500년 가까이 흐르다 보니 사람들 사이에서 새로운 질문이 생겨나기 시작했지. 왕이 나라를 다스리는 게 맞나? 귀족이 나라를 다스리는 게 맞나? 왜 보통 사람들이 나라를 다스리면 안 되나? 이런 질문이었지.

지금 대한민국에서 '나라의 주인은 국민'이라는 말을 반대하는 사람은 없을 거야. 너무 당연한 말이니까. 그런데 옛날에는 그렇지 않았어. 왕과 귀족 마음대로 나라를 다스리게 해서는 안 되겠다는 데까지는 생각을 발전시켰지만 그 다음은 어떻게 해야 할지 고민스러웠지.

수많은 사람들이 한꺼번에 나라를 다스릴 수 있을까? 그러다가 나라가 엉망진창이 되면 어떡하지? 힘센 사람 마음대로 하는 세상이 되면 어떡하지? 하는 걱정이 생긴 거야.

이때 영국에서 **존 로크**라는 철학자가 등장했어.

> 존 로크가 가장 중요하게 생각한 가치는 바로 <u>자유</u>였어.

로크는 왕이나 귀족 같은 특별한 사람이 아니어도 모두가 자유를 누릴 권리가 있다고 생각했어. 그리고 이것을 사람들에게 알리려고 했지. 로크의 생각을 우리에게 적용해 보면 어떻게 될까? 어른뿐만 아니라 어린이도 자유를 누릴 권리가 있다, 그 자유를 존중 받아야 한다고 생각할 수 있겠지?

물론 자유가 하고 싶은 걸 마음대로 할 수 있는 거라고 쉽게 생각하면 안 돼.

왜냐하면 어떤 사람의 자유 때문에 다른 사람이 피해를 입으면 안 되잖아? 주변 사람을 배려하지 않는 자유를 조금 어려운 말로 **방종**이라고 불러.

그래서 로크는 사람이 자유와 함께 책임감도 가지고 있다고 믿었지. 여러분이 누군가 시키거나 지켜보지 않아도 스스로 올바르게 행동하려고 노력한다면 그것이 바로 책임감 있는 자유이고, 거기에서 인권이 시작되는 거야.

여기서 잠깐 우리나라 헌법 1조 1항과 2항을 살펴봤으면 해.

1조 1항 대한민국은 민주공화국이다.
1조 2항 대한민국의 주권은 국민에게 있고 모든 권력은 국민으로부터 나온다.

어때? **주권**이 국민에게 있다고 분명하게 밝히고 있지? 이 내용은 누군가의 머리에서 뚝딱 나온 게 아니라 영국의 대헌장부터 시작해 수백 년에 걸쳐 만들어진 거야. 여러분도 헌법 1조 1항과 2항 정도는 외워두는 게 좋겠지?

다시 영국으로 돌아가 보자. 존 로크의 생각은 사람들 머릿속에만 맴돌지 않고 구체적인 행동과 사건으로 이어졌어.

1776년에 미국이 **독립선언문**을 발표하면서 영국으로부터 독립했어. 우리나라가 일본에게서 독립을 선언한 것처럼, 미국은 영국에게 독립을 선언한 거야. 그때 선언문에 이런 내용이 포함되어 있었지.

우리가 믿는 분명한 진리는 모든 사람은 평등하게 창조되었고, 그들은 창조주로부터 양도할 수 없는 일정한 권리를 부여 받았으며, 이에는 생명, 자유, 행복의 추구가 포함된다.

영국은 왕이 다스리는 나라야. 주권자는 왕이고, 권력

의 일부를 귀족이 나눠 가지는 나라였어. 그런 나라에서 독립하려는 미국은 당연히 국민이 주권자인 나라를 만들고 싶었지. 그래서 평범한 국민 한 사람 한 사람의 권리와 행복이 중요하다고 생각한 거야.

대부분 기독교를 믿었던 미국인들은 신이 모든 사람을 평등하게 창조했고 똑같은 권리를 부여했다고 믿었어.

그로부터 13년 뒤에는 프랑스에서 **대혁명**이 일어났어. 왕이었던 루이 16세를 몰아내고 다양한 계급의 사람들이 참여하는 **국민의회**가 만들어졌지. 이때 **인간과 시민의 권리선언**이 발표되었어.

여기에도 미국 독립선언문과 비슷하게 "인간은 자유롭고 평등한 권리를 지닌 존재로 태어나 살아가고, 그래서 사람은 누구나 자유와 재산, 안전과 저항의 권리를 갖는다."라는 문구가 들어 있어. 사람은 누구나 평등하기 때문에 그만큼의 권리를 갖는다고 선언한 거야.

미국의 독립선언문과 프랑스의 권리선언은 한 나라가 새롭게 만들어질 때 인권이 매우 중요한 가치여야 한다는 전통을 만들었어. 이후 새로운 국가들이 많이 생겨났

는데, 대부분 왕이 주권을 갖는 왕국이 아니라 국민이 주권을 갖는 **공화국**으로 만들어졌지. 그래서 공화국과 인권은 떼려야 뗄 수 없는 짝꿍이라고 봐야 해.

자, 인권이란 생각이 언제 어떤 과정을 거쳐서 만들어졌는지 이해가 되었지? 우리가 살고 있는 대한민국도 그 흐름 속에서 태어났어. 마지막으로 우리 헌법에 나타나 있는 인권 내용을 한 번 살펴 볼까? 대한민국 헌법 10조에는 인권에 대해 이렇게 말하고 있어.

> 모든 국민은 인간으로서의 존엄과 가치를 가지며, 행복을 추구할 권리를 가진다.
> 국가는 개인이 가지는 불가침의 기본적 인권을 확인하고 이를 보장할 의무를 진다.

3
어린이에게도 인권을!

이번에는 2012년 영국의 런던으로 날아가 볼까? 슝~

그해 여름 런던에서는 올림픽이 열렸어. 올림픽이 시작되는 첫날은 주경기장에서 개막식이 열리지? 세계 각국의 정상들과 함께 영국의 엘리자베스 여왕도 그 자리에 참석했어. 전 세계가 정말 멋진 개막식이라고 입을 모아 칭찬했지.

첫 순서는 영국 네 지역의 어린이 합창단이 등장해서 그 지역의 전통 민요를 노래했어. 곧이어 웅장한 북소리가 들리더니 정장을 차려입은 아저씨들과 허름한 작업복을 입은 많은 사람들이 운동장 무대를 분주하게 오갔어.

어떤 장면일까? 바로 영국에서 일어난 산업혁명을 표현한 거야. 정장을 입은 아저씨는 공장의 사장님들이고, 허름한 작업복 입은 사람은 거기에서 일하는 노동자를 상징했지.

> **지금 우리가 살아가는 데 필요한 많은 것들이 바로 이 '산업혁명'에서 시작됐어.**

산업혁명에 대해 간단히 설명해 줄게. 교과서를 보면 산업혁명의 첫 열매로 증기기관이 등장하지. 주전자의 물을 끓이면 김이 올라오면서 삑~하는 소리가 나거나 뚜껑이 들썩거리지? 그 힘을 이용해 증기기관이라는 기계를 만든 것이 산업혁명의 출발이었어.

대표적인 것이 바로 기차야. 석탄으로 물을 끓일 때 나오는 수증기의 힘으로 엄청나게 큰 기차를 움직인 거지. 타고 다닐 거라고는 말이나 소밖에 없었던 시대였으니 사람들의 눈에는 정말 놀라운 장면이었을 거야.

기차를 시작으로 수많은 기계가 만들어졌어. 예전에는 수백 명이 힘을 모아야 겨우 해낼 수 있는 일을 기계 하나가 뚝딱 해내는 시대가 열린 거야. 지금 우리가 당연하게 이용하고 있는 다양한 기계들, 기차와 버스, 공장과

기계들이 바로 이때부터 시작된 거지. 올림픽을 개최하는 영국은 바로 그 사실을 세계인들에게 자랑하고 싶었던 거였어.

  다시 올림픽 개막식 장면으로 가보자. 무대를 거닐던 작업복을 입은 사람들이 잔디를 걷어내고 이상한 기계를 돌리기 시작했어. 그랬더니 땅속에서 굴뚝이 솟아나는 거야. 하나, 둘, 셋, 넷, 다섯, 여섯 개가 모두 올라가서 연기를 내뿜었어.

그런데 여기에 조금 이상한 장면이 하나 있어. 굴뚝마다 몸집 작은 사람이 하나씩 줄에 매달려 같이 올라가는 거였지. 혹시 높은 빌딩 외벽을 청소하는 사람을 본 적 있니? 꼭대기에서 줄에 매달려 빌딩 유리창을 청소하잖아. 꼭 그런 모습이었어. 왜 이런 장면을 연출했을까?

옛날에는 **석탄**을 주로 연료로 사용했어. 석탄을 태우면 그을음이 엄청나게 많이 생겨. 그 그을음 때문에 굴뚝이 자주 막혀서 수시로 청소를 해 줘야 했거든.

굴뚝에 매달린 사람들은 바로 굴뚝청소부였던 거야.

　그런데 굴뚝이 넓을까 좁을까? 좁지? 거기를 청소하려면 몸집이 작아야 돼. 그런데 굴뚝에 들어갈 만큼 몸집 작은 어른은 구하기가 너무 어려웠기 때문에 굴뚝 청소는 대부분 어린이가 했어.

　어린이 청소부를 줄에 매달아 굴뚝 안으로 내리면, 고사리 같은 손으로 그을음을 떼어내야 했지. 굴뚝 안은 매우 거칠고 어두웠기 때문에 손과 몸에 상처가 나기도 했어. 또 잘못하다 줄이 끊어지기라도 하면, 굴뚝 아래로 떨어져 목숨을 잃기도 했지.

　이해가 안 되지? 왜 그때 부모님들은 아이들이 굴뚝청소부가 되는 걸 말리지 않았을까? 심지어 일부러 시키기까지 했을까? 그건 너무 가난해서 조금이라도 돈이 필요했기 때문이야. 그리고 또 하나, 어린이를 소중하게 생각하지 않았던 거지.

굴뚝청소부만이 아니었어. 그때는 공장에도 일손이 모자랐기 때문에 어린이도 노동자로 많이 일했어. 어린이는 작고 힘이 약하잖아. 그래서 기계 틈바구니 같은 곳에 기어 들어가야 하는 위험한 일을 맡기도 했지. 게다가 힘든 일을 하고 받는 돈도 아주 적었어. 거의 공짜로 부려먹다시피 한 거야.

상상만 해도 너무 비참하지? 다행히 어린이에게 노동을 시키는 것이 옳지 않다고 생각하는 사람들이 늘어났어. 그 뜻이 모여 1925년 스위스 제네바에서 세계 최초로 <u>어린이 복지를 위한 세계회의</u>가 열렸어. 어린이의 인권을 소중하게 생각해야 한다는 사람들이 모인 첫 번째 모임이었지.

이때 회의가 바탕이 되어서 1959년 11월 20일 유엔총회에서 <u>세계 어린이 인권선언</u>이 발표되었어. 이날을 기념해 세계 여러 나라가 어린이날을 만들었지.

세계 어린이 인권선언에는 어린이가 잘 자라기 위해서 '가정이나 사회의 특별한 보호를 받을 권리가 있다'는 것, '사회보장을 받고 부모의 사랑과 사회의 이해 속에 길러

져야 한다'는 것, '자유로운 교육을 받을 권리'가 있고, '노동을 시키면 안 된다'는 내용이 포함되어 있단다.

그런데 우리나라 사람이라면 꼭 기억해야 할 것이 있어. 바로 세계에서 가장 먼저 어린이 인권을 생각한 나라가 바로 우리나라라는 사실이야.

동학이라고 들어봤니? 동학은 조선시대 말기 **최제우** 선생님이 만든 종교인데, 가장 중요한 믿음은 **사람이 곧 하늘이다**라는 **인내천** 人乃天이었어. 중요한 것은 하늘 같은 사람에 여자와 어린이도 포함시켰다는 사실이야. 그때만 해도 여성과 어린이를 무시하던 시대였거든.

2대 교주였던 **최시형** 선생님은 1899년에 **내수도문** 內修道文이라는 기도문을 발표했어. 내수도문의 네 번째 문장이 '어린 아이를 때리지 마라. 한울님(하느님)을 치는 것과 같다'란다. 어린이도 하느님 같은 존재이니 함부로 대하지 말고 존중하란 말씀이지.

우리나라에서 **어린이날**을 만든 사람은 누굴까? 어릴 때 **소파 방정환** 선생님의 이야기 많이 읽었지? 방정환 선생님은 동학의 전통을 이어받은 천도교 신자였어.

일제시대에 '대한독립만세'를 외쳤던 3.1운동을 이끈 사람 중에 천도교인이 많았어. 3.1운동 후에 천도교는 전국 각지에 <u>소년회</u>를 만들었는데 방정환 선생님이 그때부터 활동한 거야.

3.1운동이 있고 4년 뒤인 1923년에 조선의 어린이들이 종로 거리를 행진하며 전단지를 뿌렸는데, 그 내용이 <u>어린이날 선전문</u>이었어. 유엔에서 나온 어린이 인권선언보다 무려 36년이나 빨랐던 세계 최초의 어린이 인권선언문이라고 말할 수 있지. '어린이날 선전문'에는 이런 내용이 있었어.

- 기존의 윤리적 압박에서 벗어나 어린이를 완전한 인격체로 예우하라.
- 어린이를 경제적 압박으로부터 해방해 무상 또는 유상의 노동을 폐하라.

그리고 뒷부분에 있는 '어른들에게 드리는 글'에는 이런 내용이 적혀 있었어.

- 어린이를 내려다보지 마시고 올려다보아 주시오.
- 어린이에게 높임말을 쓰시되 늘 보드랍게 하여 주시오.
- 잠자는 것과 운동하는 것을 충분히 하여 주시오.
- 산책과 소풍 같은 것을 가끔 시켜 주시오. 제발 때리지 마시오.

지금 읽어 봐도 좋은 내용이지? 어린이 인권에 관해 우리나라가 세계에서 가장 앞섰다는 사실을 알고 나니 어때? 자부심을 느껴도 될 거야.

자, 그럼 끝으로 현재 유엔이 정한 **유엔아동권리협약**에 어떤 내용이 있는지 살펴보자. 어린이들이 당연히 누려야 할 권리로 정한 것이니 기억해 두면 좋을 거야.

- **생명존중의 권리**: 어린이라면 누구나 좋은 음식을 먹고, 아플 때 치료받고, 안전하게 지낼 곳을 제공 받을 권리가 있어요.
- **보호의 권리**: 어린이라면 누구나 차별과 폭력으로부터 보호받을 권리가 있어요.
- **참여의 권리**: 어린이라면 자유롭게 생각하고 그것을 표현하고 이야기할 권리가 있어요.
- **발달의 권리**: 어린이라면 신나게 놀면서 배우고, 충분히 쉬고, 학교에 다닐 권리가 있어요.

4

괴롭히면 절대 안 돼!

헨젤과 그레텔 이야기부터 시작해 볼까? 이 책은 다 읽었겠지? 읽고 나서 어떤 느낌이었어? 무섭고 조마조마하지 않았니?

아직 안 읽은 친구들을 위해 줄거리를 들려줄게. 헨젤과 그레텔은 숲에서 가까운 외딴집에서 가난한 나무꾼 아버지 그리고 새엄마와 함께 살았어. 가난하게 사는 게 너무 싫었던 새엄마는 아버지를 졸라 남매를 숲속에 버리자고 했지.

그 얘기를 듣게 된 헨젤과 그레텔은 이튿날 숲속으로 떠나기 전 하얀색 조약돌을 충분히 준비했고 표식으로 떨어트려 다시 집을 찾아 돌아올 수 있었어. 하지만 다음 번 숲속에 갈 때는 미처 돌멩이를 준비하지 못해 점심으로 가져간 빵 조각을 떨어뜨렸는데 동물들이 다 주워 먹는 바람에 길을 잃어버릴 수밖에 없었지.

길을 잃고 헤매던 남매는 빵과 설탕으로 만든 집을 발견하고 허겁지겁 먹어치우기 시작했어. 집주인 할머니가 나타나서 남매를 집 안으로 초대했는데, 알고 보니 마녀였어. 마녀는 헨젤을 우리에 가두고 그레텔을 하녀로 부려먹었어. 헨젤을 뚱뚱하게 살찌워서 잡아먹겠다는 계획이었지. 하지만 지혜로운 그레텔이 오빠를 구우려고 불을 때던 오븐에 마녀를 밀어 넣으면서 마침내 오빠를 구출하고 집으로 돌아가게 돼.

만약 내가 헨젤과 그레텔이었다면 언제가 가장 무서웠을까?

숲에 버리자는 새엄마의 말을 들었을 때, 숲속에서 길을 잃었을 때, 할머니가 마녀인 줄 알고 우리에 갇혔을 때, 마녀의 눈치를 보며 시중을 들어야 할 때, 오븐을 들여다 보는 마녀를 밀지 말지 결정해야 할 때 등등 말이야.

사람마다 무서운 장면은 다를 거야. 여기서 잠깐 질문해 보자. 도대체 무서운 마음은 왜 생기는 걸까? 바로 여기에 인권의 비밀이 있어. 무서운 감정은 나의 인권이 공격받거나 위태로울 때 생겨나는 것이거든.

인권이 중요한 이유는, 무서운 감정에서 벗어나게 해 주기 때문이야.

헨젤과 그레텔이 마녀가 만든 과자의 집에서 당한 상황을 조금만 더 구체적으로 살펴볼게.

먼저 오빠인 헨젤부터 볼까? 마녀가 우리에 가뒀다고 했지? 사람을 가두는 곳을 뭐라고 부르지? 그래, **감옥**이야. 차가운 쇠창살이 있는 곳에 사람을 가둔 거야. 게다가 억지로 음식을 먹이려고 했지? 원하지 않는 행동을 억지로 시키는 거야. 사람을 가둔 뒤 억지로 무엇인가를 시키는 행동을 뭐라고 부를까? 바로 **고문**이라고 해. 자유를 빼앗은 뒤 일부러 괴롭히는 행동을 말하는 거지.

그레텔은 어떤 상황이었지? 마녀가 하녀로 부려먹었

다고 했지? 하녀에겐 자유가 없어. 일한 만큼 정당한 보상도 해 주지 않아. 그런 사람을 뭐라 부르지? 바로 **노예**라고 불러. 자기 재산도 가질 수 없고, 심지어 화장실도 마음대로 못 가. 주인에게 노예는 하나의 소유물일 뿐이야. 재산 중에 하나로 취급당하고, 때로는 사거나 팔리기도 해.

쉽게 말하면 똑같은 사람으로 대우하지 않는 거란다.

고문과 노예제도는 인권을 지키기 위해 '무조건' 금지하는 것들이야.

그 어떤 상황에서도 고문해서는 안 되고, 노예제도도 허용해서는 안 된다고 국제 사회가 약속한 거지.

인권을 지키기 위해 이렇게 무조건 금지하는 것이 많지는 않아. 다음 장에서 다루겠지만, 사형에 대해서도 찬성과 반대 의견이 팽팽하게 갈리거든. 고문과 노예제도만

큼은 인류 사회가 예외 없이 금지하기로 합의한 몇 안 되는 것이야. 그러니 꼭 기억해야 하겠지?

아, 추가로 하나만 더 기억하자. 수많은 사람을 한꺼번에 죽이는 <u>집단학살</u>도 무조건 금지된 거야.

노예제도는 아주 먼 옛날부터 있었지만, 가장 심했을 때가 유럽 국가들이 아메리카 대륙에 식민지를 건설할 때였어. 노동력이 많이 필요했던 유럽인들이 아프리카에서 천만 명이 넘는 흑인들을 붙잡아 노예로 부렸다는 사실은 이미 알고 있지?

그 과정에 수많은 노예들이 고문을 당하고 목숨도 잃었어. 눈 뜨고 보기 어려운 상황이 계속되자 영국의 기독교계에서 노예제도를 폐지하자는 목소리가 나왔지. 영국 본토와 식민지에서 공식적으로 노예제도가 폐지된 건 1833년이었어. 영국이 먼저 깃발을 들자 다른 유럽 국가들도 뒤를 따랐어. 유럽의 국가들은 영국보다 10여 년 뒤인 1840~50년대에 노예제를 폐지했지.

하지만 문제는 미국이었어. 당시 미국은 남쪽과 북쪽의 경제 상황이 많이 달랐거든. 북쪽은 유럽의 산업혁명

영향을 받아 기계가 사람을 대신하는 공업이 발달했고, 남쪽은 대부분 사람 손이 많이 필요한 목화 재배 등 농업이 발달해 있었어.

노예제가 폐지되면 어디가 경제적으로 타격을 입을까?

그래, 남쪽이야. 미국 남부 사람들은 노예제도를 없애자는 주장을 반대하기로 마음먹었어.

이때 등장한 사람이 바로 미국인들이 가장 존경하는 <u>에이브러햄 링컨</u>이야. 링컨은 대통령에 취임하면서 노예제 폐지를 선언했어.

그러자 남부 사람들은 미국 연방에서 탈퇴하겠다고 선언하며 전쟁이 시작되었지. <u>남북전쟁</u>이라고 부르는 이 전쟁은 1861년 4월에 시작돼 무려 4년이나 계속되다가

1865년에 마침표를 찍었어. 이 전쟁으로 100만 명이 넘는 사람들이 목숨을 잃었단다. 이런 큰 희생 덕분에 400만 명의 노예가 마침내 해방될 수 있었어.

지금 우리가 살아가고 있는 사회는 어떤 것 같아?

혹시 누군가에게 고문당하면 어쩌지, 누군가가 나를 노예로 만들면 어쩌지 하는 두려움이 있니? 아마 이런 걱정을 하는 사람은 거의 없을 거야. 그만큼 우리나라가 투명해지고 밝아졌거든.

우리나라도 과거에는 고문하는 경찰이 있었고, 사람을 사고파는 인신매매가 있기도 했지. 하지만 사회를 이루고 있는 많은 사람들이 오랫동안 애쓰고 노력해서 지금의 이렇게 달라진 사회를 만든 거란다.

이번 이야기를 끝내기 전에 각자 돌아보는 시간을 잠시 가져보면 좋겠어. 학폭, 즉 학교폭력이라고 들어봤지?

친구들과 어울리는 학교도 엄연한 사회이기 때문에 항상 좋은 일만 있을 수는 없어. 친구들과 사이가 좋을 때도 있지만 나쁠 때도 있지. 게다가 너무 화나고 짜증나는 순간에는 온갖 나쁜 마음이 스멀스멀 기어 올라오잖아. 상대방을 때리고 싶은 마음, 괴롭히고 싶은 마음 등등. 그런 마음이 커지면 실제 누군가를 고문하게 되고 노예로 부리게 되는 거야.

인권은 저 멀리 있는 게 아니고, 어른들만의 일도 아니야.

바로 내 마음 속에 있고,
친구들 사이에도 있어.
내가 존중 받고 싶은 만큼
친구도 존중하는 것이 바로 인권이야.

내가 괴롭힘을 당하기 싫은 만큼 친구를 괴롭히지 않는 것이 인권이야. 아무리 기분 나쁘고 화나는 상황이 생기더라도 말이야. 그러니 꼭 기억해야 해. 누군가를 괴롭히는 건 절대 안 돼!

5

사형은 꼭 필요할까?

이번에는 우리나라 전래동화인 <장화홍련전>을 이야기해 볼게.

지금은 북한 땅인 평안도 철산에 사는 배 씨 부부가 두 딸, 장화와 홍련을 낳고 잘 살고 있었어. 그런데 엄마가 병으로 세상을 떠난 뒤 새엄마 허 씨가 들어오면서 비극이 시작되었지.

허 씨는 장화와 홍련이 그렇게 밉고 보기 싫었나 봐. 괴롭히는 정도로는 만족하지 못하고 끝내 장화에게 누명을 씌우고 연못에 빠트려 죽였으니까. 동생 홍련은 언니를 그리워 하다가 연못에 몸을 던져 언니 뒤를 따라갔어.

억울하게 죽은 자매의 영혼은 저승에 가지 못하고 철산 땅의 사또를 찾아갔어. 억울한 사연을 호소하고 싶었거든. 그런데 사또는 귀신을 보기만 하면 매번 기절을 하거나 도망을 가 버렸어. 결국 철산에 사또로 가면 귀신을 만나 죽을 수도 있다는 소문이 쫙 퍼지고 말았지.

그런데 용기 있는 사람은 어느 시대에나 있는 법이야. 용감한 관리 정동우가 마침내 철산 사또로 부임해 첫날밤을 기다리고 있었어.

으스스한 밤이 되고 바람이 스산하게 부는가 싶더니 드디어 처녀 귀신이 나타났어. 정 사또는 용기를 내어 그들을 맞이했지. 막상 만나 보니 무서운 귀신이 아니었어. 억울한 사정을 들어달라고 애원하는 장화와 홍련의 영혼이었으니까.

장화와 홍련은 사또 앞에서 자기 가족에게 그동안 어떤 일이 벌어졌는지를 자세하게 밝혔어. 그리고 자기 시신이 어느 연못에 버려져 있는지도 알려 줬지.

밤새 이야기를 들은 사또는 이튿날 연못을 수색했어.

아니나 다를까 장화와 홍련의 시신이 발견됐지. 정 사또는 장화를 죽이고 홍련까지 따라 죽게 만든 계모 허 씨와 그의 아들을 체포하고 심문했어. 자백을 받아낸 사또는 마침내 벌을 내렸어. 어떤 벌을 내렸을까? 둘 다 사형. 일부러 사람을 죽였으니 거기에 맞는 벌을 내린 거야.

여기까지는 다 아는 이야기일 거야. 어릴 때 읽은 동화에는 나쁜 짓으로 사람을 죽인 범죄자를 사형에 처하는 이야기가 많아.

그런데 사형제도가 중요한 논쟁거리란 사실을 알고 있니?

앞에서 고문과 노예제도, 집단 학살은 무조건 반대하는 것으로 국제사회가 합의했다고 했잖아. 하지만 **사형제도**는 아직도 찬성과 반대 의견이 팽팽하게 나뉘어 있어. 사형제를 없애야 한다는 쪽이 많아지고 있지만, 여전히 필요하다고 생각하는 나라도 적지 않거든.

그렇다면 동화의 내용과 달리 왜 현대 사회에서는 사형제를 반대하는 목소리가 높아지고 있을까?

범죄가 흉악한 만큼 벌도 크게 내려야 한다는 사실에 반대하는 사람은 거의 없어. 다만 사형과 다른 벌이 결정적으로 다른 점은, 사형은 그 결과를 절대 돌이킬 수 없다는 거야. 죽은 사람을 되살릴 수는 없으니까.

〈장화홍련전〉처럼 허 씨가 저지른 범죄가 명명백백하다면 모르겠지만, 혹시라도 사또가 수사를 잘못했다면

어떻게 될까? 진짜 범인은 다른 사람인데 엉뚱한 사람이 죽은 거라면? 재판도 사람이 하는 것이기 때문에 실수라든지, 오해가 있을 수 있어.

만에 하나 그런 일로 사형이 잘못 집행된다면 억울한 사람이 목숨을 잃는 결과가 되고 말지. 바로 이 점 때문에 사형제를 반대하는 목소리가 점점 커지는 거란다.

우리나라에서 큰 인기를 끌었던 영화 중에 <7번 방의 선물>이란 작품이 있어. 지적 장애를 갖고 있는 아빠 이용구와 예쁘고 똘똘한 딸 예승이의 이야기야.

어느 날 예승 아빠는 어린아이가 사고로 죽은 현장을 보게 돼. 그런데 피를 흘리고 있는 아이를 안고 어쩔 줄 몰라 하는 예승 아빠의 모습을 보고 주변 사람들은 그가 아이를 죽였다고 오해를 했지.

예승 아빠는 지적 장애가 있어서 자기가 죽이지 않았다는 자기 변호를 제대로 할 수가 없었어. 고스란히 누명을 쓰고 감옥에 갇히고 말았어. 게다가 죽은 아이의 아빠는 하필 큰 권력을 가진 사람이었지. 화가 머리 끝까지 난 그 사람은 법정에서 예승 아빠를 흉악한 살인범으로 몰

고 갔고, 결국 사형 선고를 받은 예승 아빠는 형장의 이슬로 사라졌어.

세월이 흐른 뒤 주인공 예승이는 법대를 졸업했어. 예승이는 아빠의 사건을 모의 국민참여재판에 안건으로 올리고 직접 변호인으로 나섰지. 비록 공식적인 재판은 아니었지만, 아빠와 함께 감옥에서 시간을 보낸 여러 아저씨들이 기꺼이 증인으로 참석해 주었어.

재판 결과가 어떻게 나왔을까? 예상대로 아빠에게 무죄가 선고됐어. 14년 전에 집행된 사형은 잘못된 판결이었다고 배심원들이 인정한 거야. 하지만 돌아가신 아빠가 다시 살아올 수는 없었지.

현재 세계에서 사형제도를 공식적으로, 혹은 실질적으로 폐지한 나라는 163개국으로 85%가 넘어. 또 법에는 사형제도가 있지만 실제로는 10년 이상 집행하지 않은 나라가 51개국이야. 이런 나라를 **실질적 사형 폐지국**이라고 부르는데 여기에 우리나라도 포함돼. 우리나라에서 마지막으로 사형이 집행된 것은 1997년 12월이었거든. 25년 넘게 우리나라에선 사형집행이 없었어.

> 물론 아직도 사형제도를
> 유지하고 있는 나라도 있어.
> 모두 31개국인데,
> 아시아와 중동에 특히 많아.

가까이에는 북한과 일본, 베트남, 인도네시아, 싱가포르 등에 사형제도가 있지. 중국은 홍콩과 마카오 지역만 빼고 사형제도가 유지되고 있고, 미국은 사형제도를 폐지한 주와 유지하고 있는 주가 뒤섞여 있어.

그렇다면 이런 질문이 가능할 거야.

사형제가 없다면 진짜 흉악한 범죄를 저지른 사람에게

어떤 형벌을 내릴 수 있을까?

감옥에서 절대 석방될 수 없는 **종신형**이라는 형벌이 있어. 우리나라에도 **무기징역**이라는 이름으로 종신형이 있기는 해. 그런데 종신형은 크게 두 가지가 있어. 가석방이 가능한 **상대적 종신형**과 죽기 전에는 석방될 수 없는 **절대적 종신형**이 있지.

우리나라는 이 두 가지 중에 상대적 종신형을 채택하고 있어. 만약 우리나라에서 사형제도가 공식 폐지된다면, 바로 이런 종신형 제도도 함께 바뀌어야겠지? 우리나라에서 사형제도는 과연 어떻게 될까? 여러분도 관심을 갖고 지켜보길 바랄게.

6

동화 속의 차별들

이번에도 동화 이야기로 시작해 볼까? 유명한 동화의 마지막 장면을 한 번 떠올려 보자. 먼저 **<백설 공주와 일곱 난쟁이>** 부터.

사과 장수로 변신한 못된 왕비가 독이 든 사과를 백설 공주에게 건네자 사과를 한 입 베어 문 백설 공주는 쓰러져서 깨어나지 못 해. 슬픔에 빠진 난쟁이들이 공주를 유리관에 모시고 장례식장으로 옮기는데, 그때 왕자가 나타나잖아. 공주의 아름다움에 반한 왕자가 유리관을 벗기고 키스하자 공주 목에 걸려 있던 독 사과가 빠져나와서 다시 살아나게 되지.

이번에는 **<잠자는 숲속의 공주>** 이야기야. 공주가 15세가 됐을 때 저주 받은 물레 바늘에 찔려 잠에 빠지게 되었어. 공주뿐만 아니라 왕과 왕비, 성 안의 모든 사람들이 잠에 빠졌고, 성은 온통 가시덤불로 뒤덮여서 아무도 들어갈 수 없게 되었지.

수많은 왕자들이 어여쁜 공주를 구하려고 도전했지만 모두 실패하고 100년이란 시간이 흘렀어.

소문을 듣고 찾아온 왕자가 마침내 덤불을 뚫고 공주에

게 다가가 키스하는 데 성공했어. 그 키스로 공주는 깨어났고, 이후 두 사람은 행복하게 살았다는 이야기야.

마지막으로 <신데렐라> 이야기도 있어. 착한 요정의 도움을 받아 왕자님이 베푸는 파티에 참석하던 신데렐라는 약속시간인 밤 12시가 되기 전에 서둘러 파티장을 떠나다가 유리 구두 한 쪽이 벗겨지고 말았어. 신데렐라를 잊지 못한 왕자가 전국을 돌면서 구두 주인을 찾아 나섰지. 마침내 초라한 모습을 하고 있던 신데렐라의 발에 유리 구두가 딱 들어맞았고, 신데렐라는 왕자와 함께 궁으로 가서 행복하게 살았어.

이 세 가지 이야기의 공통점이 무엇일까? 예쁜 공주나 여성이 멋진 왕자를 만난 뒤 행복하게 살았다는 거야. 여성의 운명이 어떤 남자를 만나느냐에 따라 달라진다는 것이지.

지금의 세상과
한 번 비교해 볼까?

남자의 도움 없이는 자기 인생을 개척하기 어렵다고 말한다면 여자로서는 무척 자존심 상할 거야. 남자도 마찬가지야. 남자라고 한 여자의 인생을 책임져야 한다면, 너무 부담스럽지 않겠니?

디즈니랜드 애니메이션 영화를 본 적 있을 거야. 2010년에 만들어진 <라푼젤>에 등장하는 라푼젤은 옛날 동화와는 성격이 많이 달라졌어. 프라이팬을 잘 휘두르면서, 적극적으로 자기 인생을 개척하지.

2013년에 나온 <겨울왕국>도 마찬가지야. 주인공 엘사가 '내버려 둬(Let it go)'라는 노래를 부르면서 얼음공주라는 자기 운명을 당당하게 받아들이잖아.

2019년에 나온 <알라딘>도 그래. 알라딘과 함께 자스민 공주가 주인공으로 나오는데, 알라딘에게 의지하기는커녕 자기가 직접 갈등을 해결하면서 스스로 술탄(왕)의

자리에 오르지. 덕분에 자스민공주가 부른 노래 '침묵하지 않을 거야'(Speechless)는 엄청난 사랑을 받았지.

옛날에는 우리나라도 남녀 차별이 심했어. 남매가 있다면, 아들의 미래를 위해 딸이 희생하는 게 당연하다고 여길 정도였지. 예를 들어 집안이 넉넉지 않아 한 명만 대학에 보낼 수 있다면, 당연히 아들을 보냈어. 그 시절에는 남자가 집안을 일으켜야 한다는 생각이 너무 강했기 때문이야.

혹시 차별 받아본 적 있어?

그럴 때 어떤 기분이 들었어? 굉장히 외롭고 슬펐을 거야. 심지어 고통스럽다고 말하는 사람도 있어. 차별 당할 때의 아픔에 공감하는 사람들이 늘어나면서, 우리 사회의 여러 가지 차별을 없애자는 운동이 일어났어. <u>인권 의</u>

식이 높아지면서 자연스럽게 나타난 현상이었지.

그렇다면 우리 사회에 어떤 차별이 있을까? 동화 속 이야기에서는 여자가 남자에게 무조건 의존하는 것이 문제였다면, 역사 속에서 가장 큰 문제 중의 하나는 **투표권**이었어.

여성에게 투표권이 주어진 건 생각보다 얼마 되지 않았어.

세계에서 가장 먼저 여성이 투표권을 가진 나라는 뉴질랜드야. 1893년에 도입했으니 130년 정도 되었지. 민주주의의 대표적인 나라인 영국도 1918년에야 여성이 투표권을 가졌고 프랑스는 1944년이었어. 남자들보다 100년

이 지나서야 여성이 투표할 수 있게 된 거지.

　남녀 문제만큼 고치기 어려운 차별이 하나 더 있어. 바로 **인종차별**이야. 서양 사람들의 세력이 커지면서 흑인을 비롯해 **유색 인종**을 무시하고 차별하는 행동을 오랫동안 했지.

　링컨 대통령 때 미국도 노예제도를 폐지하긴 했지만 곳곳에서 차별이 일어나고 있었어. 유색 인종은 식당도 같이 이용하지 못하고, 화장실도 따로 써야 했고, 버스도 같은 자리에 앉지 못할 정도였으니까.

　지금 우리나라 사람들도 외국에서 종종 인종 차별을 받을 때가 있어. 외국인들이 동양 사람을 보면서 손가락으로 두 눈을 옆으로 찢는 모습을 본 적 있니? 쌍꺼풀 없는 동양인의 눈을 흉내내면서 조롱하는 행동이야.

　코로나19가 중국에서 시작됐다는 사실 때문에 미국에서 동양인에 대한 무차별 폭행도 늘어났다고 해. 하지만 다행인 건, 지금은 전 세계 많은 나라들이 법적으로 인종 차별을 금지하고 있다는 사실이야.

　예를 들어 운동선수들이 경기하면서 다른 선수에게 인

종차별적인 행동을 하면 벌금은 물론이고 일정기간 동안 경기에 참가 할 수 없어. 관중들도 특정 선수를 향해 인종차별적인 행동을 하면 경기장 입장이 평생 금지된단다.

 옛날에는 **종교 차별**도 심각했어. 우리나라는 세계에서도 드물게 다양한 종교가 어울려 있는 나라야. 대부분은 특정 종교가 우세하고 나머지 종교가 소수인 경우가 많거든.

 예를 들어 유럽은 기독교가 매우 강하고 중동 지역은 이슬람교가 매우 강하지. 그러다 보니 힘을 가진 종교가 소수 종교를 억압하고 차별하는 경우가 많았어. 특히 전쟁이나 기근이 닥쳐 모두가 먹고 살기 힘들어질 때면 소수의 종교를 가진 사람들이 희생당하기도 했지. 제2차 세계대전이 일어났을 때 독일에서 유대인 학살이 대대적으로 일어났잖아. 이것은 인종차별이면서 동시에 종교차별이었어.

 그 밖에 또 어떤 차별이 있을까? 유엔이 발표한 인권선언에는 이런 내용이 있어.

> 모든 사람은 인종, 피부색, 성별, 언어, 종교,
> 정치적 또는 그 밖의 견해, 민족적 또는
> 사회적 출신, 재산, 출생 또는 기타 신분에 따른
> 아무런 구별 없이 이 선언에 규정된
> 모든 권리와 자유를 누릴 자격이 있다.

 조금 어려운 단어들이 나오지만, 쉽게 말하면 그 어떤 이유에서라도 다른 사람을 차별해서는 안 된다는 뜻이야. 능력이 모자란다는 이유로, 외모가 다르다는 이유로, 생각이 나와 같지 않다는 이유로 무시하거나 억눌러서는 안 되겠지.
 또 자신이 차별 받는다고 느껴질 때도 가만히 있어서는 안 돼. 용기를 내어 자기 주장을 하고, 잘못된 상황을 고치려고 노력해야 해. 차별하지도 않고, 또 차별 당하지도 않는 것이 바로 인권을 지키는 일이야.

7

난민을 어떻게 대해야 할까?

2021년 8월 여름에 있었던 일이야. 전 세계 사람들의 눈과 귀가 **아프가니스탄**이란 나라에 집중하고 있었어. 20년 가까이 그곳을 지키고 있던 미군이 철수를 선언하자 **탈레반**이라고 하는 무장 세력이 나라 전체를 빠르게 장악하고 있었거든. 탈레반이 다가오면서 수도 카불은 혼란에 빠졌어. 미국을 비롯해 다른 나라에 협조했던 아프가니스탄 사람들에게 탈레반이 반드시 보복할 것이라고 생각했기 때문이야.

아프가니스탄에는 우리나라 대사관도 있고, 우리 정부가 지은 병원과 직업훈련원도 있었어. 거기에서 우리를 도운 아프가니스탄 사람들이 있었겠지? 그분과 가족을 다 합치면 400명 가까이 됐는데, 모두 큰 걱정을 할 수밖에 없었어. 우리나라 정부는 결단을 내렸지. 아프가니스탄을 탈출하고 싶어 하는 현지 사람들과 가족을 최대한 많이 구출하기로.

다행히 작전은 대성공이었어. 우리나라로 오고 싶어 했던 모든 사람들을 안전하게 데리고 올 수 있었거든. 우리 정부는 협조자들에게 **특별기여자**라는 신분을 주었지.

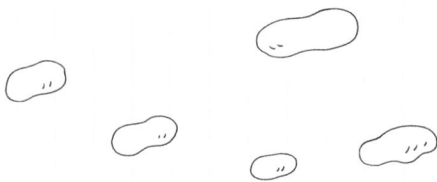

우리나라 외교에 기여한 공로가 있는 사람과 가족이라는 뜻이야.

 흥미로운 것은 이들을 대하는 우리나라 사람들의 태도야. 사실 외부인에 대해서는 두려움을 갖게 마련이거든. 혹시 나쁜 사람이 섞여 들어오면 어떡하나, 우리 문화에 나쁜 영향을 끼치면 어떡하나, 코로나 걸린 사람이 들어오면 어떡하나 하는 걱정들이지.

 하지만 아프가니스탄 특별기여자에 대해서는 환영하는 목소리가 훨씬 컸어. 심지어 아프가니스탄 말을 번역해서 환영 메시지를 보내기도 했지.

왜 그랬을까?

 아프가니스탄이란 나라는 잘 몰라도 그때 온 사람들이 우리나라에 협력했다는 사실을 알고 있었기 때문이야. 그래서 완전히 낯선 사람들은 아니었던 거지. 게다가 그들이 처한 상황도 뉴스로 많이 접했기 때문에 잘 이해하고 있었어.

하지만 일반적으로는 외부인에 대해서 이렇게 깊이 알기가 어려워. 2018년에 제주도에 **예멘 난민** 500여 명이 도착한 사건이 있었어. 예멘은 오랫동안 전쟁이 계속되면서 난민이 많이 생겨났어. 그런데 우리나라에서 예멘이란 나라의 상황을 잘 아는 사람이 별로 없었거든. 낯선 나라에서 낯선 사람들이 몰려온다는 말만 듣고 무서움부터 느끼는 사람들이 많았어. '난민을 거부해야 한다'는 내용이 청와대 국민청원에 올라갔고, 서울과 제주 도심에서 난민을 반대하는 집회도 열렸지.

난민에 대한 두려움에는 여러 가지 감정이 섞여 있어. 누군지 모르는 사람이라는 두려움이 첫 번째이고, 혹시 테러리스트 같은 나쁜 사람이 섞여 있으면 어떡하나 하는 걱정이 두 번째, 나아가 그들 때문에 우리나라 사람들의 일자리가 줄어들면 어떡하나 하는 경제적인 걱정도 있었어. 그래서 환영보다 걱정하는 목소리가 훨씬 컸던 거지.

우리나라의 영화, 드라마, 노래 등 문화콘텐츠가 세계에서도 인기가 높다는 사실은 잘 알고 있을 거야. 이렇게 문화적으로 앞서 나가면 더 많은 사람들이 우리나라를 좋

수근   수근

아하게 되고, 좋아하는 만큼 찾아오고 싶어 하기도 해. 그래서 우리나라에 머무는 외국인의 수가 증가하고 있어.

2018년에 우리나라에 살고 있는 외국인 숫자가 처음으로 200만 명을 돌파했어. 1년에 90일 이상 머무는 장기 체류자도 170만 명에 가깝다고 해. 그만큼 낯선 사람들이 우리 주변에 많아진다는 뜻이겠지?

게다가 아프가니스탄이나 예멘처럼, 앞으로는 전 세계에 난민이 더 많이 발생할 거라는 전망이 많아. 특히 기후위기가 심해지면 그 숫자가 크게 늘어날 수 있어. 기후위기가 난민을 많이 만들어내는 이유는 간단해. 기후가 바뀌면 농사짓기가 그만큼 어려워지기 때문이야. 먹을 것이 부족해지면 사람들은 결국 이동할 수밖에 없어. 그 결과가 바로 난민인 것이지.

'우리는 단일민족'이라는 말이 있었어.

단군 할아버지 이래로 핏줄이 섞이지 않고 순수하게 내려왔다는 믿음이야. 하지만 역사학자나 과학자 모두 이 믿음은 잘못 됐다고 말하고 있어. 우리나라도 대륙과 연결되어 있기 때문에 과학적으로나 유전적으로 다른 민족과 상당히 섞이면서 살아왔다는 거야.

그리고 대한민국 국적을 오로지 한국인이어야만 가질 수 있는 것도 아냐. 외국인이라도 5년 이상 한국에 살고, 만 19세가 넘는 성인이고, 범죄를 저지른 적이 없고 본인 생계를 유지할 만한 경제적인 능력이 있으면 한국 국적을 가질 수 있어. 물론 한국어 능력과 풍습에 대해 기본적으로 잘 알고 있어야 하지.

다른 기준도 있어. 부모님 중 한쪽이 한국 국적을 가지고 있거나 배우자가 한국인일 경우에 3년 이상 한국에 살았으면 한국 국적을 가질 수 있어.

끝으로 과학이나 경제, 문화, 체육 등 특정 분야에 매우 우수한 능력이 있어서 국익에 도움이 된다고 판단할 때도 **귀화**가 인정돼. 예를 들면 케냐에서 마라톤 선수로 뛰다가 2018년 한국인으로 귀화해 올림픽 출전 기회를 얻었던 오주한(월슨 로야나에 에루페) 선수가 있지.

**우리나라 사회도 이제는 상당히 국제화됐어.
단순히 외국인 숫자만 많은 게 아니라
실제 대한민국을 함께 만들어가는 구성원으로
그들이 참여하고 있지.**

필리핀 출신으로 우리나라 국회의원까지 지낸 **이자스민**이 있어. 이자스민은 청소년 영화 〈완득이〉에 외국인 출신 엄마 역할로 출연해 주목을 받았지. 자스민은 1998년에 우리나라 국적을 받았어. 우리나라는 2006년부터 3년 이상 국내에 거주한 이주민에게 선거권을 주고 있어. 정치에 참여할 기회를 준다는 것은 함께 사회를 만들어가는 구성원으로 인정한다는 뜻이거든.

우리나라가 세계에서 매력적인 나라로 우뚝 서는 만큼 우리나라에 와서 살고 싶어 하는 외국인도 늘어날 거야.

교실에 생김새나 피부색이 다른 친구들이 점점 늘어날 거고 앞으로 더 많은 외국인들, 낯선 사람들을 우리 주변에서 만나게 되겠지?

우리는 이들을 어떻게 대해야 할까? 인권을 이야기할 때 매우 중요한 부분이야. 물론 무작정 환영한다든지, 무작정 배척한다든지 하는 건 위험해. 신중하게 서로에 대한 지식을 쌓아가는 게 무척 중요하지.

그리고 지구에서 난민이 갑자기 많이 발생하지 않도록 전 세계가 힘을 합치는 것도 중요해. 기후위기는 한 나라만 잘한다고 극복할 수 있는 게 아니잖니?

앞에서 말한 아프가니스탄과 예멘 사람들 이야기를 기억하면 좋겠어. 많이 알고 있으면 환영할 만한 여유와 자신감이 생기고, 반대로 아는 게 없으면 두려움과 걱정에 휩싸이기 쉬우니까. 혹시 가까이에 외국인 친구가 있다면, 다양한 문화를 배울 수 있는 소중한 기회로 생각하면 어떨까? 그 친구도 한국 사회에서 우리 문화를 익혀야 하듯이, 우리도 그들을 통해 새로운 문화를 배운다면 서로가 훨씬 더 멋진 어른으로 성장할 수 있을 거야.

약자의 권리도 중요해

<u>약자</u>란 약한 사람이란 뜻이야. 몸이 약할 수도 있고 처한 환경이나 경제상황이 약할 수도 있지. 세상에는 센 사람도 있고 약한 사람도 있는데, 인권에서 중요하게 살펴봐야 하는 것은 약한 사람들의 권리야.

> 우리 사회에서 누가 가장 약한지를
> 정하는 기준은 따로 없어.
> 어떤 기준으로 보느냐에 따라
> 강약이 달라지기 때문이지.

다만 어떤 상황과 조건에서도 약자의 입장을 우선적으로 생각하고 배려할 수 있는 마음가짐이 중요하겠지. 먼저 <u>장애인</u> 이야기부터 해 보자.

장애인도 오랫동안 많은 오해와 차별을 받았어. 어딘가가 불편한 것을 하늘이 내린 벌이라고 생각하는 사람들이 있었거든. 물론 모든 사람이 장애인을 오해한 것은 아냐. 조선시대의 가장 뛰어난 왕 **세종대왕**은 장애인 복지에 특히 관심이 많았어. 세종대왕은 장애인을 학대하는 사람을 엄하게 벌했고, 장애인과 그를 보살피는 사람은 각종 의무를 면제해 줬어. 요즘으로 말하면 병역 면제 같은 거지.

장애인도 자립해야 한다고 여겼던 세종대왕은 악기를 잘 다루는 시각장애인에게는 그 재능을 시험할 기회를 줘서 정식 단원으로 채용하기도 했지. 특히 **명통시**라는 최초의 장애인 단체를 만들고 기우제 같은 국가 공식 행사를 담당하게 했어. 그냥 도와주는 게 아니라 사회에 기여할 수 있는 역할을 함께 준 거란다. 사람은 자기 역할이 뚜렷할 때 자존감이 높아지는 법이거든.

이제 현대로 돌아와 보자. 장애인에 관한 인권선언이 국제사회에서 채택된 것은 1975년이야. 유엔이 그해 12월 9일에 **장애인 권리선언**을 채택했거든. 이 선언은 1948년 유엔이 발표한 세계인권선언의 정신을 장애인에게까지 확대 적용한 거야. 쉽게 말해 장애인과 비장애인이 차별 없이 동등한 대우를 받아야 한다는 것인데, 여기에는 건강권, 거주이주권, 접근권, 생활권, 노동권, 교육권, 이동권 및 보행권, 보육권, 문화향유권, 선거권 등이 모두 포함돼.

우리나라도 이 선언을 바탕으로 1998년 12월 9일 국회가 장애인 인권헌장을 선포했어. 유엔보다 23년이 더 걸렸으니 조금 늦었다고 할 수 있지.

이러한 생각 속에서 유니버설 디자인(universal design)이라는 개념이 나왔어. 제품이나 시설을 만들 때 이용하는 사람이 성별, 나이, 장애, 언어 등의 문제 때문에 어떠한 제약도 받지 않도록 설계해야 한다는 거야.

우리나라 말로 모든 사람을 위한 디자인이라고도 부르는데, 디자인의 중요한 기준 중 하나가 장애인도 이용하는 데 불편함이 없어야 한다는 뜻이지.

배리어 프리(barrier-free)라는 운동도 있어. 우리나라 말로 '장벽을 없애는' 정도의 뜻이야. 1974년 유엔 장애인 생활환경 전문가협회가 제시한 개념인데, 장애인과 고령자 등 사회적 약자들이 생활하는 데 방해가 되는 장애물은 물론이고 심리적인 장벽까지 없애자는 거야.

예를 들어 학교를 비롯해 모든 공공기관 건물에는 휠체어가 오르내릴 수 있는 램프와 엘리베이터가 설치되어 있지? 횡단보도도 자세히 보면 보도블럭 턱을 없애 도로와 자연스럽게 이어지게 하고 시각장애인을 위해 점자블록도 설치되어 있잖아. 이런 것들이 모두 유니버설 디자인과 배리어 프리 운동의 결과라고 볼 수 있어.

배리어 프리 인증제도라는 것도 있어. 국가나 지방자치단체가 짓는 공공건물이나 공중이용시설은 2015년부터 **장애물 없는 생활환경(BF)인증**을 받아야 해.

장애에 대한 인식이 또 한 번 업그레이드되는 계기가 있었어. 2006년에 유엔에서 발표한 **장애인 권리협약**이야. 장애인 권리협약의 기준은 명확해. 바로 비장애인과 같이, 비장애인과 비교해서 차별을 받지 않게, 비장애인만큼 기회를 누리게 해 주자는 것이야. 더 이상 장애인을 도와줘야 할 대상으로만 생각해서는 안된다는 거지.

최선의 이익 접근법이라는 게 있어. 주변 사람들이 당사자에게 최선의 이익이 되게끔 대신 결정해 준다는 원칙이야. 주로 미성년인 어린이의 권익을 위해 어른들이 기

준을 세울 때 사용하는 방법이야.

장애인 인권도 예전에는 이 접근법을 따랐어. 비장애인이 장애인을 '위해' 기준을 마련한 거지. 하지만 이제는 장애인이 직접 자기 권리에 대한 내용을 결정할 수 있게 해야 한다는 생각이 커졌어. 그 결과물이 바로 장애인 권리협약이야.

여기에서는 장애인의 실질적인 사회참여와 기회균등을 보장하는 데 초점을 맞추고, 장애인을 지원 대상이 아니라 권리를 요구하는 정당한 주권자로 본다는 것이 핵심이지.

말이 조금 어렵지? 상징적인 그림 하나가 있어. 2014년 7월에 미국 뉴욕에서 장애인 마크를 교체했거든. 휠체어를 표시하는 디자인인데, 무려 46년 만에 바꾼 거야. 옛날 장애인 마크는 휠체어에 똑바로 앉아 있는 모습이었어. 장애인 주차장 표식에서 본 것처럼 가만히 앉아 있는 모습이라 누군가가 뒤에서 밀어줘야 할 것 같거든. 그런데 새로 바뀐 디자인은 장애인이 몸을 앞으로 숙인 채 팔을 뒤로 한껏 치켜 올리고 있어. 어떤 모습일까? 그래,

자기 힘으로 앞으로 나아가는 모습이야. 장애인은 누군가가 도와줘야 할 사람이 아니라 스스로도 얼마든지 움직일 수 있는 존재라는 거지.

장애인과 함께 여성의 권리도 인권에서 오랫동안 중요한 주제였어. 인류는 오랫동안 남성이 중심이 되는 **가부장 사회**를 지켜 왔어. 여성은 남성을 돕는 역할, 대를 잇는 역할 정도로만 제한됐지. 그래서 교육을 받거나 일자리를 구할 때 차별을 받았어.

여성인권을 말할 때 빠지지 않는 단어 중에 하나가 **유리천장**이야.

눈에 잘 보이지는 않지만 단단한 천장이 있어서 높은 곳으로 오를 수 없는 상태를 가리키는 말이야. 회사나 일터에서 남자와 똑같은 일을 하고 성과를 내도 똑같은 대우를 받지 못하는 상태, 또 높은 직급이나 중요한 임무에서 여성이라는 이유로 차별 받는 상태를 가리켜.

예를 들어 기업에서 중요한 결정을 하는 자리인 임원 중에서 여성의 비율은 매우 낮아. 우리나라의 법을 만드는 국회도 그렇잖아. 인구로는 남녀가 거의 반반인데, 국회의원 수는 여성이 30%가 안 돼.

우리나라는 아직까지 남녀간 임금 차이가 매우 큰 나라로 평가받고 있어. 세계에서 선진국 그룹이라고 할 수 있는 OECD 회원국 중에서 가장 심하지.

이유가 뭘까? 앞에 말한 것처럼 유리천장 때문에 중요한 자리에 올라가기 어려운 것도 있고 또 다른 이유는 '일한 기간의 차이'야. 정부가 발표한 통계를 보면 남자는 직장에서 평균 12.2년을 일하는데, 여자는 평균 8.2년을 일해. 4년이 차이 나니까 전체 금액으로 따지면 그만큼 여자가 덜 받게 되는 거지.

왜 이런 차이가 생길까? 여자는 출산과 육아 때문에 일을 중단하는 경우가 많은데, 그 후에 다시 일자리 얻기가 어렵기 때문이야.

이것을 경력단절이라 불러. 최근에는 경력단절을 줄이기 위해 법적으로 육아휴직을 보장하고 남자(아빠)도 육아휴직을 적극적으로 사용하도록 하고 있지. 휴직이란 회사를 잠시 쉬었다가도 걱정없이 다시 복귀할 수 있는 제도야. 이런 제도가 널리 확산되고 있는 만큼 남녀간의 임금 격차도 점점 줄어들겠지?

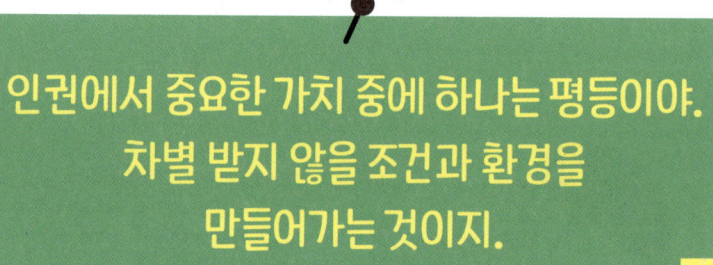

인권에서 중요한 가치 중에 하나는 평등이야.
차별 받지 않을 조건과 환경을
만들어가는 것이지.

그럼 한 번 곰곰이 생각해 볼까? 우리 사회에서 약자라서 힘들게 사는 사람들이 장애인과 여성뿐일까? 자세히 살펴보면 우리 주변에 정말 다양한 약자들이 많아. 앞장에서도 말했지만, 일자리를 찾아 우리나라를 찾아온 **외국인 노동자**들도 약자라고 볼 수 있겠지?

또 어떤 사람이 있을까? 북한에서 탈출해 남한 사회에서 적응하려고 애쓰는 <u>탈북자</u>들, 회사에 정규직원이 되지 못하고 불안하게 일을 해야 하는 <u>비정규직 노동자</u>들, 사랑하는 대상과 방식이 남달라서 이상한 눈초리를 받는 <u>성소수자</u>들도 이 시대의 약자라고 볼 수 있겠지.

약자라는 말은 힘이 약하다는 뜻이야. 숫자가 적다는 뜻이기도 하고.

그래서 쉽게 오해도 받고 심지어 공격을 받기도 해. 하지만 힘이 약하고 숫자가 적다고 해서 차별 받거나 부당한 대우를 받으면 안 되겠지? 그게 바로 인권이야.

장애인에 대한 생각을 바로잡는 가장 좋은 방법은 함께 생활하는 거라고 해. 그래서 장애인과 비장애인이 학교에서 함께 공부하는 **통합교육**은 매우 중요하지. 영국에서는 만 16세까지 장애인과 비장애인이 함께 공부할 수 있는 통합교육서비스를 제공하고 있어. 독일도 통합교육을 도입한 지 10년이 넘었고.

약자와 소수자에 대해서도 마찬가지겠지? 자주 만나고 대화하면서 이해의 폭을 넓힌다면 약하다는 이유로, 숫자가 적다는 이유로 차별하는 일이 줄어들 거야. 자, 우리 주변을 한 번 살펴보자.

우리 곁에 있는 약자는 과연 누구일까?

9

우리나라의 인권 의식은 어떻게 커왔을까?

우리나라에서 현대적인 인권 개념이 시작된 건 언제일까? 앞에서 '어린이의 인권'을 다루며 동학 사상을 이야기한 것 기억하니? '사람이 곧 하늘'이라는 사상은 그 시대 수많은 사람들의 가슴을 설레게 만들었어. 우리나라에서 인권의 개념이 스스로 싹튼 순간이야. 특히 여성과 아이들도 차별을 두지 않고 똑같이 하늘로 대접한 것은 서양의 인권 역사에도 보기 드문 멋진 모습이지.

인권을 말하면서 동학 얘기부터 하는 이유는, 우리의 인권 전통이 서양에서 전해진 것만은 아니라는 걸 강조하고 싶어서야. 우리 스스로도 빛나는 전통을 가지고 있고, 그 위에서 서양의 인권 사상을 받아들인 거야.

물론 서양의 영향을 전혀 안 받은 건 아냐. 조선시대가 중반을 지났을 때쯤 실학사상이 싹트게 되는데, 거기에 영향을 준 것이 바로 천주교, 즉 기독교거든.

임진왜란과 병자호란 같은 큰 전쟁을 겪은 뒤 조선의 지식인들은 나라를 다시 일으키기 위해 새로운 사상이 필요하다고 생각했어. 그때 청나라를 통해 서양의 학문을 공부하기 시작한 거야. 당시에는 서양 학문이라고 **서학**이라고도 불렀고, 하느님을 믿는 학문이라고 <u>천주학</u>이라고도 했지.

기독교는 조선에 소개된 뒤 엄청나게 빠른 속도로 전파됐어. '하느님 앞에서는 모든 사람이 평등하다'는 말이 많은 사람들에게 희망과 용기를 줬기 때문이야.

신분이 높든 낮든, 돈이 많든 적든, 남자든 여자든, 어른이든 아이든, 장애가 있든 없든 모두 평등하다는 생각이 바로 인권의 출발이야.

누구나 존중 받을 수 있다, 나도 존중 받을 수 있다는 생각이 사람들의 마음을 움직인 거지.

하지만 천주교와 동학에서 시작된 인권 개념이 우리나라에 순탄하게 뿌리 내리진 못했어. 천주교는 제사를 거부했기 때문에 조선시대에 극심한 탄압을 받았고, 동학

도 평등사상을 싫어했던 정부가 일본과 청나라 군대를 불러들여 힘으로 진압하게 했거든.

특히 동학 세력이 일본군에게 잔인하게 진압된 뒤 얼마 지나지 않아 일제강점기가 시작됐어. 약 35년 동안 우리는 주권을 잃고 억압적인 환경 속에서 살아야 했지. 일제라는 권력이 짓누르는 곳에서 인권이 어떻게 꽃을 피울 수 있었겠니? 하지만 수많은 사람들이 독립을 위해 노력했고, 그 힘들이 모여 마침내 1945년 해방을 맞이했어.

일제에서 해방됐으니 인권도 살아났을까?

그런데 이번에는 **분단**이란 상황이 우리 앞을 가로막았어. 일본이 패망해서 떠난 한반도를 남쪽은 미국이, 북쪽은 소련이 지배하게 되면서 분단의 역사가 시작된 거야. 우리의 의지와는 무관하게 한반도는 **자본주의**와 **공산주**

의라는 이념이 대결하는 곳이 되고 말았어. 그런 긴장 속에 1950년 6월 25일 한국전쟁이 일어났어. 3년 넘게 계속된 전쟁 때문에 수많은 사람들이 목숨을 잃었고, 또 서로를 미워하게 돼 버렸지.

  그 후로 오랫동안 남과 북은 나뉘어서 서로 갈등하고 경쟁했어. 선의의 경쟁 같은 좋은 의미가 아니라 반드시 이겨야 하는, 이를 악무는 경쟁이었어. 원래 바깥에서 큰 싸움을 하게 되면 안쪽도 평화롭지 못해. 복도에서 누군가가 크게 혼나면 교실 안도 금세 얼어붙잖아?

  나라도 마찬가지야. 북한과 경쟁하는 데 집중하면 내부에서 다양한 이야기를 할 수 없어. 특히 약자와 소수자들에게는 관심을 기울이기 어렵지.

그렇다면 민주적인 인권 환경은 언제 만들어진 걸까?

1980년대 후반에 민주주의 운동이 시작되면서부터야.

군사정권이 무너지면서 우리나라는 **독재국가**에서 **민주 사회**로 바뀌기 시작했어. 그동안 억압 받았던 인권에 대해서도 본격적으로 생각하기 시작했지.

그렇다고 인권 환경이 순식간에 좋아진 건 아냐. 정부에 인권문제를 다루는 기구를 만들자는 논의가 있었지만 천천히 하자며 반대하는 목소리도 컸거든. 인권을 보호하려면 배려해야 할 것도, 지켜야 할 것도 많아. 그렇게 사회 각 분야를 두루 보살피는 것이 경제를 빨리빨리 성장하는 데 방해가 된다고 생각하는 사람들도 많았던 거야.

하지만 인권에 대한 관심은 꾸준히 커졌고 1999년에 **남녀차별금지 및 구제에 관한 법률**이 제정되었지. 남녀차별금지를 구체적으로 이름에 붙인 우리나라 최초의 법률이 통과된 거야. 뒤에 나오는 '구제'란 차별 때문에 입은 피해에서 구해 준다는 뜻이야.

그리고 2001년 1월에는 오랫동안 차별 받아온 여성의 인권을 강화하기 위해 **여성부**와 **국가인권위원회**가 생겼어. 2007년에는 **장애인 차별금지법**이, 2009년에는 **연령차별**

<u>금지법</u>이 통과됐어. 청소년과 관련해서는 지방자치제 차원에서 <u>학생인권조례</u>들이 속속 만들어졌지.

> 인권의 본질은 정치라는 말이 있어.
> 정답이 따로 있지 않고,
> 잘 조정해서 결론내야 하기 때문이야.

문화적인 관습과 충돌할 때도 있고, 경제적인 목표와 부딪힐 때도 있거든. 하지만 우리나라가 세계 다른 선진국과 함께 인권 보호를 꾸준하게 확대해 온 건 사실이야. 어떤 분야는 주춤거리기도 하고, 어떤 부분은 멀리 앞서 나가기도 하지만, 전체적으로는 인권을 더 많이 보호하는 쪽으로 가고 있단다. 아마 여러분이 어른이 됐을 때는 지금보다 인권이 더 많이 존중되는 세상일 거야.

자, 이제 인권에 관한 이야기를 마무리해 볼까? 여러분은 어떤 세상을 살았으면 좋겠어? 나만 존중 받는 세상? 우리만 잘 사는 세상? 아니면 다양한 사람들이 평화롭게 존중받고 조화를 이루는 세상?

무지개를 아름답다고 말하는 것은 서로 다른 일곱 빛깔이 조화를 이루고 있기 때문이야. 우리가 살아가는 세상도 마찬가지야. 특정한 사람만 존중 받는 세상에서는 모두가 행복할 수 없어. 다양한 사람들이 그대로 존중 받고 조화를 이룰 때 모두가 행복할 수 있을 거야.

교양 꿀꺽

누구에게나 인권이 있을까?

초판 1쇄 발행 2022. 11. 20.
초판 2쇄 발행 2023. 05. 20.

지은이	김태훈
그린이	김잔디
발행인	이상용
발행처	봄마중
출판등록	제2022-000024호
주소	경기도 파주시 회동길 363-15
대표전화	031-955-6031
팩스	031-955-6036
전자우편	bom-majung@naver.com

ISBN 979-11-92595-04-7   73330

값은 뒤표지에 있습니다.
잘못된 책은 구입한 서점에서 바꾸어 드립니다.
본 도서에 대한 문의사항은 이메일을 통해 주십시오.

봄마중은 청아출판사의 청소년·아동 브랜드입니다.